S.36
Energie
kick

Belebend

S.56

Belebend

S.62
Belebend

???

Jessie Kanelos Weiner

Fotos: Richard Boutin

AGUA FRESCA

Der fruchtige Energiekick

INHALT

DIE BASIS

ALLGEMEINES

Aguas frescas – das sind erfrischende Getränke auf Basis von Wasser, Früchten oder Gemüse. Verfeinert werden sie mit Nüssen und Saaten, frischen Kräutern und Gewürzen. Aguas frescas kommen aus Mittel- und Südamerika und erfreuen sich auch bei uns immer größerer Beliebtheit.

ZUBEREITUNG

Aguas frescas sind denkbar einfach hergestellt: Die Zutaten werden mit Wasser im Mixer püriert, anschließend passiert, gekühlt und mit Eis serviert. Wenn Sie es sprudelig mögen, nehmen Sie weniger stilles Wasser zum Mixen und füllen Sie den Drink kurz vor dem Servieren mit Sprudelwasser auf.

PASSIEREN

Verwenden Sie für die Zubereitung ein feines Sieb oder ein Sieb mit Passiertuch. Aufgefangenes Fruchtfleisch lässt sich wunderbar in Kuchen, Pfannkuchen oder Muffins verarbeiten. Das Fruchtfleisch aus dem Rezept Walnuss Dattel Zimt (Seite 60) schmeckt zum Beispiel sehr gut in einem Bananenbrot.

GENIESSEN

Damit Agua fresca richtig erfrischt, stellen Sie das Getränk mindestens 30 Minuten in den Kühlschrank. Rühren Sie vor dem Servieren noch einmal mit einem Löffel durch, damit sich der Geschmack gleichmäßig verteilt. Servieren Sie Aguas frescas mit Eiswürfeln und dekorieren Sie sie mit Fruchtscheiben.

HALTBARKEIT

Mit Frischhaltefolie abgedeckt hält sich Agua fresca im Kühlschrank bis zu 2 Tage.

TIPPS

Verarbeiten Sie am besten immer reife, aromatische Früchte.

Agua fresca

LIMETTE POMELO ORANGE

Für 4 Personen
Zubereitungszeit 10 Minuten
Kühlzeit 30 Minuten

2 Pomelos
2 Orangen
4 Limetten
4 EL Agavendicksaft
500 ml Wasser
1 Prise Salz
½ Bund frische Minze
Eiswürfel

Pomelos, Orangen und 3 Limetten auspressen. Den Saft durch ein Sieb in einen Krug passieren. Agavendicksaft, Wasser und Salz zufügen und alles umrühren – Sprudelwasser erst kurz vor dem Servieren zugeben, siehe S. 8, Zubereitung. Die Minzeblätter von den Stängeln abzupfen und in den Krug geben. Probieren und nach Geschmack mehr Agavendicksaft zugeben. Mindestens 30 Minuten in den Kühlschrank stellen. Die übrige Limette in Scheiben schneiden. Mit Eiswürfeln und Limettenscheiben garniert servieren.

Agua fresca

WASSERMELONE LIMETTE

Für 4 Personen
Zubereitungszeit 10 Minuten
Kühlzeit 30 Minuten

900 g Fruchtfleisch
   einer Wassermelone,
   in Stücke geschnitten
300 ml Wasser
2 EL Limettensaft
1 EL Zucker
1 Prise Salz
1 Limette
Eiswürfel

Die Wassermelonenstücke mit dem Wasser im Standmixer pürieren – Sprudelwasser erst kurz vor dem Servieren zugeben, siehe S. 8, Zubereitung. Die Mischung durch ein Sieb in einen Krug passieren. Das Fruchtfleisch entsorgen. Limettensaft, Zucker und Salz zufügen und alles umrühren. Probieren und nach Geschmack mehr Zucker zugeben. Mindestens 30 Minuten in den Kühlschrank stellen. Die Limette in Scheiben schneiden. Mit Eiswürfeln und Limettenscheiben garniert servieren.

Agua fresca

HEIDELBEERE BROMBEERE

Für 4 Personen
Zubereitungszeit 10 Minuten
Kühlzeit 30 Minuten

125 g Heidelbeeren
125 g Brombeeren
900 ml Wasser
1 EL Zucker
2 EL Limettensaft
2 Zweige Rosmarin
   (nach Belieben)
Eiswürfel

Die Beeren gründlich waschen und mit 500 ml Wasser im Standmixer pürieren. Die Mischung durch ein feines Sieb passieren. Das Fruchtpüree mit Zucker, Limettensaft und restlichem Wasser in einen Krug geben und umrühren – Sprudelwasser erst kurz vor dem Servieren zugeben, siehe S. 8, Zubereitung. Die Rosmarinblätter von den Zweigen zupfen und zufügen. Mindestens 30 Minuten in den Kühlschrank stellen. Mit Eiswürfeln servieren.

Agua fresca

ANANAS KOKOS

Für 4 Personen
Zubereitungszeit 10 Minuten
Kühlzeit 30 Minuten

120 g Kokosfleisch,
   in Stücke geschnitten
400 g Ananas, geschält
   und in Stücke geschnitten
600 ml Kokoswasser
Saft von 1 Limette
1 EL Kokosblütenzucker
Eiswürfel

Kokosfleisch, Ananas und Kokoswasser im Standmixer pürieren. Die Mischung durch ein feines Sieb passieren. Das Fruchtfleisch entsorgen oder für ein anderes Rezept weiterverwenden. Die Flüssigkeit in einen Krug füllen. Limettensaft und Kokosblütenzucker zufügen und alles umrühren. Probieren und nach Geschmack mehr Zucker zugeben. Mindestens 30 Minuten kalt stellen. Gut gekühlt mit Eiswürfeln servieren.

Agua fresca

MELONE BASILIKUM

Für 4 Personen
Zubereitungszeit 15 Minuten
Kühlzeit 30 Minuten

1 kg Zuckermelone
  (z. B. Honigmelone),
  geschält und in
  Stücke geschnitten
1 Bund Basilikum
200 ml Wasser
2 EL Rohrzucker
Saft von 1 Limette
1 Prise Salz
Eiswürfel

Melone, 1 kleine Handvoll Basilikumblätter und Wasser im Standmixer pürieren – Sprudelwasser erst kurz vor dem Servieren zugeben, siehe S. 8, Zubereitung. Die Mischung durch ein feines Sieb passieren und das Fruchtfleisch entsorgen. Die Flüssigkeit in einen Krug füllen. Zucker, Limettensaft und Salz zufügen und alles umrühren. Probieren und nach Geschmack mehr Zucker oder Limettensaft zugeben. Mindestens 30 Minuten kalt stellen. Die restlichen Basilikumblätter abzupfen. Mit Eiswürfeln und einigen Basilikumblättern servieren.

Agua fresca

GURKE ZITRONENVERBENE

Für 4 Personen
Zubereitungszeit 15 Minuten
Kühlzeit 30 Minuten

3 Beutel Zitronen-
   verbenen-Tee
600 ml kochendes Wasser
1 große Salatgurke
2 Zitronen
3 EL Rohrzucker
1 Prise Salz
Eiswürfel

Die Teebeutel in eine Kanne geben und mit dem kochenden Wasser übergießen. 5 Minuten ziehen lassen, die Beutel entnehmen und den Tee abkühlen lassen. Die Gurke in Stücke schneiden und mit dem Tee im Standmixer pürieren. Die Mischung durch ein feines Sieb passieren und in einen Krug füllen. Saft von 1 Zitrone, Rohrzucker und Salz zufügen und alles umrühren. Probieren und nach Geschmack mehr Zucker zugeben. Mindestens 30 Minuten kalt stellen. Die verbleibende Zitrone in Scheiben schneiden. Gut gekühlt mit Eiswürfeln und Zitronenscheiben servieren.

Agua fresca

MELONE MINZE

Für 4 Personen
Zubereitungszeit 30 Minuten
Kühlzeit 30 Minuten

2 Beutel Kamillentee
300 ml kochendes Wasser
1 Zuckermelone
   (z. B. Charentais),
   geschält und in
   Stücke geschnitten
Saft von ½ Limette
1 EL Rohrzucker
4 Zweige Minze
Eiswürfel

Die Teebeutel in eine Kanne geben und mit dem kochenden Wasser übergießen. 3–5 Minuten ziehen lassen, die Beutel entnehmen und den Tee abkühlen lassen. Den Tee mit den Melonenstücken im Mixer pürieren. Die Mischung durch ein feines Sieb passieren und das Fruchtfleisch entsorgen. Die Flüssigkeit in einen Krug füllen und Limettensaft sowie Zucker zufügen. Gut umrühren. Probieren und nach Geschmack mehr Zucker oder Limettensaft zugeben. Mindestens 30 Minuten kalt stellen. Mit Eiswürfeln und je einem Zweig Minze servieren.

Agua fresca
RHABARBER HIMBEERE

Für 4 Personen
Zubereitungszeit 10 Minuten
Kühlzeit 30 Minuten

100 g Rhabarber,
   in Stücke geschnitten
50 g Rohrzucker
800 ml Wasser
100 g Himbeeren
1 TL Zitronenschale,
   gerieben
Saft von 1 Zitrone

Rhabarber, Zucker und 500 ml Wasser in einem Topf mischen und bei kleiner bis mittlerer Hitze köcheln lassen, bis das Wasser die Farbe des Rhabarbers angenommen hat und der Rhabarber gar ist. Die Mischung abkühlen lassen, abschütten und die Flüssigkeit auffangen. Das Fruchtfleisch entsorgen. Die Flüssigkeit mit Himbeeren, Zitronenschale und Zitronensaft im Standmixer pürieren. Die Mischung durch ein feines Sieb passieren und das Fruchtfleisch entsorgen. Den Saft in einen Krug füllen und das restliche Wasser zufügen – Sprudelwasser erst kurz vor dem Servieren zugeben, siehe S. 8, Zubereitung. Probieren und nach Geschmack mehr Zucker oder Zitronensaft zugeben.

Agua fresca

ZITRONE HONIG

Für 4 Personen
Zubereitungszeit 15 Minuten
Kühlzeit 30 Minuten

4 Zitronen
1 l Wasser
100 g Zitrusblütenhonig
1 Prise Salz
Eiswürfel

Die Zitronen gründlich waschen. Enden abschneiden und 3 Zitronen in kleine Stücke schneiden. Die Zitronenstücke mit 200 ml Wasser im Standmixer pürieren. Die Mischung durch ein feines Sieb passieren und das Fruchtfleisch entsorgen. Den Honig in einem Topf 1–2 Minuten erhitzen, bis er flüssig ist. Das Fruchtpüree in einen Krug geben und mit restlichem Wasser, Honig und Salz mischen – Sprudelwasser erst kurz vor dem Servieren zugeben, siehe S. 8, Zubereitung. Probieren und nach Geschmack mehr Honig zugeben. Mindestens 30 Minuten kalt stellen. Die verbleibende Zitrone in Scheiben schneiden. Gut gekühlt mit Eiswürfeln und Zitronenscheiben servieren.

Agua fresca

ANANAS SALBEI

Für 4 Personen
Zubereitungszeit 10 Minuten
Kühlzeit 30 Minuten

450 g Ananasfleisch
900 ml Wasser
3 EL Agavendicksaft
Saft einer ½ Limette
1 Prise Salz
1 kleine Handvoll
   Salbeiblätter
   (nach Belieben)
Eiswürfel

Die Ananas in Stücke schneiden. Die Ananasstücke mit 500 ml Wasser im Standmixer pürieren. Die Mischung durch ein feines Sieb passieren. Das Fruchtfleisch entsorgen oder für ein anderes Rezept weiterverwenden. Die Flüssigkeit in einen Krug füllen. Restliches Wasser, Agavendicksaft, Limettensaft und Salz zufügen und alles umrühren – Sprudelwasser erst kurz vor dem Servieren zugeben, siehe S. 8, Zubereitung. Probieren und nach Geschmack mehr Agavendicksaft zugeben. Salbeiblätter zufügen und alles umrühren. Mindestens 30 Minuten kalt stellen. Gut gekühlt mit Eiswürfeln servieren.

Agua fresca

KIWI GURKE

Für 4 Personen
Zubereitungszeit 10 Minuten
Kühlzeit 30 Minuten

4 Kiwis
1 große Salatgurke
1 l Wasser
Saft von 2 Limetten
3 EL Zucker
1 Prise Salz
Eiswürfel

Die Kiwis schälen. Die Kiwis und ½ Gurke in Stücke schneiden. Mit 250 ml Wasser im Standmixer pürieren. Die Mischung durch ein feines Sieb passieren. Das Fruchtfleisch entsorgen. Die Flüssigkeit mit 750 ml Wasser, Limettensaft, Zucker und Salz in einen Krug füllen und alles umrühren – Sprudelwasser erst kurz vor dem Servieren zugeben, siehe S. 8, Zubereitung. Mindestens 30 Minuten kalt stellen. Den Rest der Gurke in Scheiben schneiden. Mit Eiswürfeln und Gurkenscheiben servieren.

Agua fresca

PFIRSICH BASILIKUM

Für 4 Personen
Zubereitungszeit 10 Minuten
Kühlzeit 30 Minuten

6 reife Pfirsiche
 oder Nektarinen
800 ml Wasser
3 EL Limettensaft
2 El Honig
1 Prise Salz
1 Handvoll Basilikumblätter
Eiswürfel

Die Pfirsiche oder Nektarinen entkernen, in Stücke schneiden und mit dem Wasser im Standmixer pürieren – Sprudelwasser erst kurz vor dem Servieren zugeben, siehe S. 8, Zubereitung. Die Mischung durch ein feines Sieb passieren und das Fruchtfleisch entsorgen. Die verbleibende Flüssigkeit in einen Krug füllen. Limettensaft, Honig, Salz und Basilikumblätter zufügen und alles umrühren. Mindestens 30 Minuten kalt stellen. Mit Eiswürfeln servieren.

Agua fresca

MANGO ANANAS

Für 4 Personen
Zubereitungszeit 10 Minuten
Kühlzeit 30 Minuten

1 sehr reife Mango
200 g Ananas, geschält
850 ml Wasser
2 Limetten
3 EL Agavendicksaft
1 Prise Salz
Eiswürfel

Die Mango schälen und in Stücke schneiden. Die Ananas in Stücke schneiden. Das Obst mit 250 ml Wasser im Standmixer pürieren. Die Mischung durch ein feines Sieb passieren und das Fruchtfleisch entsorgen. 1 Limette auspressen. Das Fruchtpüree mit Limettensaft, Agavendicksaft, Salz und restlichem Wasser in einen Krug geben und alles umrühren – Sprudelwasser erst kurz vor dem Servieren zugeben, siehe S. 8, Zubereitung. Probieren und bei Bedarf mehr Agavendicksaft zugeben. Mindestens 30 Minuten kalt stellen. Die verbleibende Limette in Scheiben schneiden. Mit Eiswürfeln und Limettenscheiben servieren.

Agua fresca

FENCHEL ZITRONE MINZE

Für 4 Personen
Zubereitungszeit 10 Minuten
Kühlzeit 30 Minuten

1½ Fenchelknollen
2 Handvoll Minzeblätter
700 ml Wasser
2 Zitronen
Eiswürfel

Fenchel und Minze gründlich waschen. Das Fenchelgrün für die Dekoration beiseitelegen. Den Fenchel in Stücke schneiden. Fenchelstücke, Minzeblätter und Wasser im Standmixer pürieren – Sprudelwasser erst kurz vor dem Servieren zugeben, siehe S. 8, Zubereitung. Die Mischung durch ein feines Sieb passieren und die Flüssigkeit in einen Krug füllen. 1 Zitrone auspressen. Den Zitronensaft in den Krug füllen und alles umrühren. Mindestens 30 Minuten kalt stellen. Die verbleibende Zitrone in Scheiben schneiden. Gut gekühlt mit Eiswürfeln, Zitronenscheiben und Fenchelgrün servieren.

Agua fresca

BEEREN ZITRONE

Für 4 Personen
Zubereitungszeit 10 Minuten
Kühlzeit 30 Minuten

4 Zitronen
150 g gemischte Beeren,
    frisch oder TK
900 ml Wasser
3 EL Rohrzucker
1 Prise Salz
Eiswürfel

Die Zitronen gründlich waschen. Mit einem Zestenreißer die Schale von 1 Zitrone in feinen Streifen abziehen. Beeren, Zitronenschalenstreifen und Wasser im Standmixer pürieren – Sprudelwasser erst kurz vor dem Servieren zugeben, siehe S. 8, Zubereitung. Die Mischung durch ein feines Sieb passieren. Die Flüssigkeit in einen Krug füllen und das Fruchtfleisch entsorgen. Die geschälte Zitrone sowie zwei weitere Zitronen auspressen. Den Zitronensaft mit Zucker und Salz in den Krug geben und alles umrühren. Probieren und bei Bedarf mehr Zucker zugeben. Mindestens 30 Minuten kalt stellen. Die verbleibende Zitrone in Scheiben schneiden. Gut gekühlt mit Eiswürfeln und Zitronenscheiben servieren.

Agua fresca

HASELNUSS KAKAO VANILLE

Für 4 Personen
Zubereitungszeit 10 Minuten
Kühlzeit 8 Stunden

1 Vanilleschote
125 g Haselnusskerne
7 Datteln, entsteint
1 EL Kakaopulver
800 ml Wasser

Die Vanilleschote längs halbieren. Mit der Messerspitze das Vanillemark herausschaben. Vanillemark, Haselnusskerne, Datteln, Kakao und Wasser in einem Standmixer pürieren – Sprudelwasser erst kurz vor dem Servieren zugeben, siehe S. 8, Zubereitung. Die Mischung in einen Krug oder ein großes Gefäß geben, abdecken und über Nacht kalt stellen. Die Mischung am nächsten Tag durch ein feines Sieb passieren und in einen Krug füllen. Das Fruchtfleisch entsorgen oder für ein anderes Rezept weiterverwenden. Gut gekühlt servieren.

Agua fresca
HIBISKUS INGWER

Für 4 Personen
Zubereitungszeit 10 Minuten
Kühlzeit 30 Minuten

4 cm Ingwerwurzel
1 l Wasser
4 Beutel Hibiskusblütentee
3 EL extrafeiner Zucker
Eiswürfel

Den Ingwer schälen und in Scheiben schneiden. Das Wasser zum Kochen bringen. Die Teebeutel und die Hälfte des Ingwers in einen Krug geben und mit dem kochenden Wasser übergießen. 3–5 Minuten ziehen lassen, Beutel entnehmen und den Tee abkühlen lassen. Die Mischung durch ein feines Sieb passieren, den Zucker zufügen und alles umrühren, bis sich der Zucker aufgelöst hat. Probieren und bei Bedarf mehr Zucker zugeben. Mindestens 30 Minuten kalt stellen. Mit Eiswürfeln und restlichen Ingwerscheiben servieren.

Agua fresca

GRÜNER TEE HONIG INGWER

Für 4 Personen
Zubereitungszeit 20 Minuten
Kühlzeit 30 Minuten

1 l Wasser
2 EL Grünteeblätter
3 EL Blütenhonig
2 cm Ingwerwurzel,
   geschält und in
   Stücke geschnitten
2 Zitronen
Eiswürfel

Das Wasser zum Kochen bringen und etwas abkühlen lassen. Grünteeblätter, Honig und Ingwer in einen Krug geben und mit dem Wasser übergießen. Alles umrühren und 3–5 Minuten ziehen lassen. Die Mischung durch ein feines Sieb passieren und abkühlen lassen. Den Saft einer Zitrone auspressen, zum Tee geben und alles umrühren. Mindestens 30 Minuten kalt stellen. Die verbleibende Zitrone in Scheiben schneiden. Gut gekühlt mit Eiswürfeln und Zitronenscheiben servieren.

Agua fresca
ERDBEERE BASILIKUM

Für 4 Personen
Zubereitungszeit 10 Minuten
Kühlzeit 30 Minuten

500 g + 100 g Erdbeeren
700 ml Wasser
½ TL Limettenschale,
   gerieben
2 EL Zucker
1 EL Limettensaft
1 Handvoll Basilikumblätter
   (nach Belieben)
1 Prise Salz
Eiswürfel

Die Erdbeeren waschen und entstielen. 500 Gramm Erdbeeren mit Wasser und Limettenschale im Standmixer pürieren – Sprudelwasser erst kurz vor dem Servieren zugeben, siehe S. 8, Zubereitung. Die Mischung durch ein feines Sieb passieren und das Fruchtfleisch entsorgen oder für ein anderes Rezept weiterverwenden. Die Flüssigkeit in eine Karaffe füllen. Zucker, Limettensaft, Salz und Basilikumblätter zugeben. Mindestens 30 Minuten kalt stellen. Gut gekühlt mit Eiswürfeln und einigen Erdbeerscheiben servieren.

Agua fresca

REIS ZIMT VANILLE

Für 4 Personen
Zubereitungszeit 10 Minuten
Kühlzeit 8 Stunden

200 g weißer Reis
1 Zimtstange
  (nach Belieben)
1 l Wasser
50 g Zucker
½ TL Vanilleextrakt
1 Prise Salz
Eiswürfel
1 Prise Zimt

Reis, Zimtstange und Wasser in eine Schüssel geben und vermischen. Die Schüssel abdecken und über Nacht kalt stellen. Am nächsten Tag die Zimtstange entfernen und die Mischung im Standmixer pürieren, bis die Reiskörner sehr fein zerkleinert sind. Die Mischung durch ein feines Sieb passieren und den Reis entsorgen. Zucker, Vanilleextrakt und Salz zu der Flüssigkeit geben und alles umrühren. Probieren und bei Bedarf mehr Zucker zugeben. Die Mischung in einen Krug umfüllen und bis zum Verzehr kalt stellen. Mit Eiswürfeln und 1 Prise Zimt servieren.

Agua fresca

REIS MANDEL KARDAMOM

Für 4 Personen
Zubereitungszeit 10 Minuten
Kühlzeit 8 Stunden +
30 Minuten

90 g weißer Reis
90 g Mandeln
900 ml Wasser
3 EL Ahornsirup
1 Prise Kardamom,
    gemahlen
Salz
Eiswürfel

Reis, Mandeln und Wasser im Standmixer pürieren. Die Mischung in einen Krug füllen, abdecken und über Nacht kalt stellen und durchziehen lassen. Am nächsten Tag die Mischung durch ein feines Sieb passieren. Mandeln und Reis entsorgen. Ahornsirup, Kardamom und 1 Prise Salz zur Flüssigkeit geben und alles umrühren. Probieren und bei Bedarf mehr Ahornsirup zugeben. Mindestens 30 Minuten kalt stellen. Mit Eiswürfeln servieren.

Agua fresca
LITSCHI ERDBEERE

Für 4 Personen
Zubereitungszeit 10 Minuten
Kühlzeit 30 Minuten

1 Dose Litschis in
  Sirup (Abtropfgewicht
  250 g), abgetropft
250 g + 50 g Himbeeren
750 ml Wasser
1 TL Rosenwasser
  (nach Belieben)
2 EL Zucker
1 EL Limettensaft
Eiswürfel

Litschis, 250 Gramm Himbeeren und Wasser im Standmixer pürieren – Sprudelwasser erst kurz vor dem Servieren zugeben, siehe S. 8, Zubereitung. Die Mischung durch ein feines Sieb passieren und das Fruchtfleisch entsorgen. Die Flüssigkeit in einen Krug füllen. Rosenwasser, Zucker und Limettensaft zufügen und alles umrühren. Probieren und bei Bedarf mehr Zucker oder Limettensaft zugeben. Mindestens 30 Minuten kalt stellen. Mit Eiswürfeln und einigen Himbeeren servieren.

Agua fresca

BIRNE HASELNUSS HONIG

Für 4 Personen
Zubereitungszeit 10 Minuten
Einweichzeit 2 Stunden
Kühlzeit 30 Minuten

60 g Haselnusskerne
900 ml Wasser
2 Birnen
1 TL Zitronensaft
1 Prise Muskatnuss,
  gerieben
1 gehäufter EL Honig
Eiswürfel

Die Haselnüsse mit 200 ml Wasser bedecken, 2 Stunden einweichen und anschließend abtropfen lassen. Die Birnen schälen, in Stücke schneiden, dann mit dem Zitronensaft beträufeln und vermischen. Birnen, Haselnusskerne und restliches Wasser im Standmixer pürieren – Sprudelwasser erst kurz vor dem Servieren zugeben, siehe S. 8, Zubereitung. Die Mischung durch ein feines Sieb passieren und das Fruchtfleisch entsorgen oder für ein anderes Rezept weiterverwenden. Die Flüssigkeit in einen Krug füllen. Geriebene Muskatnuss und Honig zufügen und alles umrühren. Mindestens 30 Minuten kalt stellen. Mit Eiswürfeln servieren.

Agua fresca

BANANE KOKOS ZIMT

Für 4 Personen
Zubereitungszeit 10 Minuten
Kühlzeit 30 Minuten

4 reife Bananen
500 ml Kokoswasser
Saft von ½ Zitrone
3 EL brauner Zucker
1 Prise Zimt
Eiswürfel

3 Bananen schälen und in Stücke schneiden. Die Bananenstücke mit Kokoswasser und Zitronensaft im Standmixer pürieren. Die Mischung durch ein feines Sieb passieren und die Flüssigkeit in einen Krug füllen. Braunen Zucker und Zimt zufügen und alles umrühren. Probieren und bei Bedarf mehr Zucker zugeben. Mindestens 30 Minuten kalt stellen. Die verbleibende Banane schälen und in Scheiben schneiden. Gut gekühlt mit Eiswürfeln und einigen Bananenscheiben servieren.

Agua fresca

APRIKOSE HONIG MANDEL

Für 4 Personen
Zubereitungszeit 10 Minuten
Einweichzeit 1 Stunde
Kühlzeit 30 Minuten

150 g geschälte Mandeln
1,25 l Wasser
200 g Aprikosen
2 EL Akazienhonig
1 Prise Salz
Eiswürfel

Die Mandeln mit 250 ml Wasser bedecken, 1 Stunde einweichen und anschließend abtropfen lassen. Die Aprikosen entsteinen und in Stücke schneiden. Mandeln und Aprikosenstücke mit 1 Liter Wasser im Standmixer pürieren – Sprudelwasser erst kurz vor dem Servieren zugeben, siehe S. 8, Zubereitung. Die Mischung durch ein feines Sieb passieren und die Flüssigkeit in einen Krug füllen. Akazienhonig und Salz zufügen und alles umrühren. Probieren und bei Bedarf mehr Honig zugeben. Mindestens 30 Minuten kalt stellen. Mit Eiswürfeln servieren.

Agua fresca

WALNUSS DATTEL ZIMT

Für 4 Personen
Zubereitungszeit 10 Minuten
Kühlzeit 30 Minuten

200 g Walnusskerne
8 Datteln, entsteint
1 l Wasser
¼ TL Zimt
1 Prise Salz
Eiswürfel

Walnüsse, Datteln und Wasser in einem Mixer pürieren – Sprudelwasser erst kurz vor dem Servieren zugeben, siehe S. 8, Zubereitung. Die Mischung durch ein Sieb passieren und das Fruchtfleisch für ein anderes Rezept weiterverwenden. Die Flüssigkeit in einen Krug füllen. Zimt und Salz zufügen und alles umrühren. Mindestens 30 Minuten kalt stellen. Gut gekühlt mit Eiswürfeln servieren.

Agua fresca

KIRSCHE WASSERMELONE

Für 4 Personen
Zubereitungszeit 20 Minuten
Kühlzeit 30 Minuten

600 g Fruchtfleisch
    einer Wassermelone
200 g Kirschen
400 ml Wasser
Saft von 1 Limette
3 EL Rohrzucker
1 TL Orangenblütenwasser
    (nach Belieben)
Eiswürfel

Das Fruchtfleisch der Wassermelone in Stücke schneiden. Die Kirschen entkernen. Das Obst mit dem Wasser im Standmixer pürieren – Sprudelwasser erst kurz vor dem Servieren zugeben, siehe S. 8, Zubereitung. Die Mischung durch ein Sieb passieren und die Flüssigkeit in einen Krug füllen. Das Fruchtfleisch entsorgen. Limettensaft, Zucker und Orangenblütenwasser zufügen und alles umrühren. Probieren und nach Geschmack mehr Zucker oder Limettensaft zugeben. Mindestens 30 Minuten kalt stellen. Mit Eiswürfeln servieren.

Agua fresca
PAPAYA KOKOS

Für 4 Personen
Zubereitungszeit 20 Minuten
Kühlzeit 30 Minuten

500 g Papaya, geschält
200 g Kokosfleisch
500 ml Kokoswasser
Saft von 1 Limette
  + ½ EL Limettenschale,
  gerieben
3 EL Rohrzucker
250 ml Wasser
Eiswürfel

Papaya und Kokosfleisch in Stücke schneiden. Das Obst mit dem Kokoswasser im Standmixer pürieren. Die Mischung durch ein feines Sieb passieren und die Flüssigkeit in einen Krug füllen. Das Fruchtfleisch entsorgen oder für ein anderes Rezept weiterverwenden. Limettensaft, Limettenschale, Zucker und Wasser zufügen und alles umrühren – Sprudelwasser erst kurz vor dem Servieren zugeben, siehe S. 8, Zubereitung. Probieren und nach Geschmack mehr Zucker oder Limettensaft zugeben. Mindestens 30 Minuten kalt stellen. Mit Eiswürfeln servieren.

Agua fresca

MANGO BANANE

Für 4 Personen
Zubereitungszeit 10 Minuten
Kühlzeit 30 Minuten

1 reife Mango
1 reife Banane
2 cm Ingwerwurzel
800 ml Wasser
2 EL brauner Zucker
Saft von 1 Limette
Eiswürfel

Mango und Banane schälen und in Stücke schneiden. Das Stück Ingwerwurzel schälen und in kleine Stücke schneiden. Das Obst mit Ingwer und Wasser im Standmixer pürieren – Sprudelwasser erst kurz vor dem Servieren zugeben, siehe S. 8, Zubereitung. Die Mischung durch ein feines Sieb passieren und die Flüssigkeit in einen Krug füllen. Das Fruchtfleisch entsorgen. Braunen Zucker und Limettensaft zufügen und alles umrühren. Probieren und nach Geschmack mehr Zucker zugeben. Mindestens 30 Minuten kalt stellen. Gut gekühlt mit Eiswürfeln servieren.

Agua fresca

TOMATE GURKE

Für 4 Personen
Zubereitungszeit 10 Minuten
Kühlzeit 30 Minuten

250 g Kirschtomaten
1 große Salatgurke
750 ml Wasser
1 Prise Chilipulver
Saft von ½ Limette
1 EL Rohrzucker
1 Prise Salz
1 Handvoll Basilikum-
   oder Korianderblätter
Eiswürfel

Die Kirschtomaten halbieren. Die Salatgurke schälen und in Stücke schneiden. Das Gemüse mit dem Wasser für 1–2 Minuten im Standmixer pürieren – Sprudelwasser erst kurz vor dem Servieren zugeben, siehe S. 8, Zubereitung. Die Mischung durch ein feines Sieb passieren und die Flüssigkeit in einen Krug füllen. Das Fruchtfleisch entsorgen. Chilipulver, Limettensaft, Zucker und Salz zufügen und alles umrühren. Probieren und nach Geschmack mehr Zucker oder Limettensaft zugeben. Die Basilikum- oder Korianderblätter zu der Mischung geben. Mindestens 30 Minuten kalt stellen. Gut gekühlt mit Eiswürfeln servieren.

Agua fresca

LIMETTE MINZE

Für 4 Personen
Zubereitungszeit 10 Minuten
Kühlzeit 30 Minuten

3 Limetten
½ Bund Minze
2 EL brauner Zucker
900 ml Wasser
Eiswürfel

Mit einem Zestenreißer die Schale von 1 Limette in feinen Streifen abziehen, anschließend alle Limetten auspressen. 4 Zweige Minze beiseitelegen und die Minzeblätter von den restlichen Zweigen abzupfen. Limettenschalenstreifen, Limettensaft, Minzeblätter, braunen Zucker und Wasser im Mixer pürieren – Sprudelwasser erst kurz vor dem Servieren zugeben, siehe S. 8, Zubereitung. Die Mischung durch ein feines Sieb passieren und die Flüssigkeit in einen Krug füllen. Mindestens 30 Minuten kalt stellen. Gut gekühlt mit Eiswürfeln und je 1 Zweig Minze servieren.

Agua fresca

MANGO ORANGE

Für 4 Personen
Zubereitungszeit 10 Minuten
Kühlzeit 30 Minuten

300 g Mango, geschält
2 Orangen
2 Clementinen
1 Limette
650 ml Wasser
4 EL Zucker
Eiswürfel

Die Mango in Stücke schneiden. Orangen und Clementinen schälen und in Stücke schneiden. Mit einem Gemüseschäler 2 Streifen von der Limettenschale abziehen. Die Limette auspressen. Mango, Orangen, Clementinen, Limettenschale und -saft mit dem Wasser im Standmixer pürieren – Sprudelwasser erst kurz vor dem Servieren zugeben, siehe S. 8, Zubereitung. Die Mischung durch ein Sieb passieren und die Flüssigkeit in einen Krug füllen. Das Fruchtfleisch entsorgen. Den Zucker zufügen und alles umrühren. Mindestens 30 Minuten kalt stellen. Gut gekühlt mit Eiswürfeln servieren.

Agua fresca

GRANATAPFEL APFEL ORANGE

Für 4 Personen
Zubereitungszeit 15 Minuten
Kühlzeit 30 Minuten

2 Orangen
Kerne von 1 Granatapfel
1 Apfel
600 ml Wasser
Saft von 2 Limetten
2 EL Rohrzucker
Eiswürfel

Die Orangen schälen und in Stücke schneiden. Granatapfel-kerne, Orangenstücke, Apfel und Wasser für 1–2 Minuten im Standmixer pürieren – Sprudelwasser erst kurz vor dem Servieren zugeben, siehe S. 8, Zubereitung. Die Mischung durch ein Sieb passieren und die Flüssigkeit in einen Krug füllen. Das Fruchtfleisch entsorgen. Limettensaft und Zucker zufügen und alles umrühren. Probieren und nach Geschmack mehr Zucker oder Limettensaft zugeben. Mindestens 30 Minuten kalt stellen. Gut gekühlt mit Eiswürfeln servieren.

DANKSAGUNG
Danke an Richard für die schöne Zusammenarbeit.
Vielen Dank an Audrey und das ganze Team von Marabout
für das mir entgegengebrachte Vertrauen.

1. Auflage

© 2018 by Bassermann Verlag, einem Unternehmen der Verlagsgruppe
Random House GmbH, Neumarkter Straße 28, 81673 München

© der Originalausgabe Hachette Livre (Marabout), 2017, 58, Rue Jean Bleuzen, CS 70007,
92178 Vanves Cedex, Frankreich
Originaltitel: eaux de fruits - les agua fresca désaltérantes

Projektleitung: Anja Halveland
Übersetzung: Lena Rütter, Köln
Gesamtproducing: trans texas publishing services GmbH, Köln
Coverdesign für die deutschsprachige Ausgabe: Atelier Versen, Bad Aibling

Druck & Verarbeitung: Těšínská tiskárna, Český Těšín

Printed in the Czech Republic

Verlagsgruppe Random House FSC® N001967

ISBN 978-3-8094-3940-0